~ Für Ihr Heim ~

Farbgestaltung strukturierter Wände

WORLD

~ Für Ihr Heim ~

Farbgestaltung strukturierter Wände

CANDIE FRANKEL

Mundus Verlag

Für Caitlin Murphy

Danksagung

Die Autorin möchte den vielen hervorragenden Fotografen und Designern danken, die ihre Werke für dieses Buch zur Verfügung gestellt haben.

Herausgeber: Elizabeth Viscott Sullivan
Künstlerische Gestaltung: Lynne Yeamans
Fotoredaktion: Colleen Branigan
Produktionsmanager: Camille Lee
Übersetzung: Birgit Neuwald, Sheffield
Redaktion: Millium Media Management Co., Michigan
(Deutsche Übertragung)
Gesamtherstellung: Friedman/Fairfax Publishers, New York

ISBN 3-88385-040-3

Inhaltsverzeichnis

Einleitung

Ein frischer Anstrich ist seit langem die einfachste und preisgünstigste Art, einen müden, langweiligen Raum in einen sauberen, einladenden Ort zu verwandeln. Doch selbst in aufregenden Farben frisch gestrichene Wände können flach und eindimensional erscheinen, uninteressant und langweilig. Heute führen Leute, die mehr Drama in ihre vier Wände bringen wollen, ihre Anstreichprojekte einen Schritt weiter und wenden Jahrhunderte alte Glasierungs- und Waschtechniken an. Für diese Techniken werden die Wände gespachtelt, grundiert und mit einer ersten Farbschicht versehen wie bei allen Malerarbeiten. Wenn die Wände gründlich vorbereitet sind, kann die Magie beginnen, indem Schicht für Schicht Glasur aufgetragen wird. Anders als Farben sind Glasuren durchsichtig, und jede Glasurschicht erlaubt es der darunterliegenden Farbe durchzuscheinen. Das Ergebnis sind üppige Farbe und Struktur, in die man fast hineinsehen kann.

So spezialisierte Techniken wie das Marmorieren und Holzmaserung brauchen Jahre der Übung, doch einfache strukturierte Wände kann jeder erreichen, der mit Farbpinsel, Rollen, Schwämmen, Tüchern und Farbkämmen umgehen kann. Die Techniken sind leicht verständlich und geben Raum zum Experimentieren und für persönlichen Ausdruck.

Die hier abgebildeten Beispiele geben Ihnen Designideen, die sowohl bei Palästen als auch schlichten Räumen funktionieren. Die satten Farben und Strukturen sind ein Zeichen des kreativen, abenteuerlustigen Dekorationstrends und kosten nicht die Welt. In dieser Einleitung erfahren Sie, wie Sie mit gewöhnlichen Farbprodukten denselben Effekt in Ihrem Heim erzielen.

Auswahl und Verwendung von Farben

Farbe ist das A und O jeder gestrichenen Wand. Es gibt viele Arten der erfolgreichen Farbkombination und immer neue Wege zu entdecken, wie man Farben in die Inneneinrichtung integrieren kann.

Die meisten Farbgestaltungen beginnen mit einer hellen oder pastellfarbenen Grundschicht und fügen dann Glasurschichten in dunkleren Nuancen hinzu. So ergibt zum Beispiel eine aprikosenfarbene Grundschicht mit in Folge dunkler werdenden Orange- und Rottönen einen üppigen Terrakottaeffekt. Die umgekehrte Kombination – hellere Glasuren auf einer dunklen Grundschicht – funktioniert am besten, wenn die Glasurfarbe durchscheinend ist. Reibt man zum Beispiel eine weiße Glasur mehrmals von einer wasserblauen Wand, kann man den Anschein eines Sommerhimmels für ein Kinderzimmer erzielen.

Bringt man die Komplementärfarben ein, kann man die Farbpalette einer Wand intensivieren oder mildern, je nachdem, wie man die Farben aufträgt. Um einer roten beispielsweise noch mehr Elan zu verleihen, kann man eine alte Zahnbürste in eine grüne Farbe oder Glasur tauchen und mit dem Finger über die Borsten fahren, um die Wand willkürlich mit Farbspritzern zu versehen. Diese Spritzer springen dann an der Wand ins Auge und schaffen einen lebendigen Kontrast. Trägt man statt dessen dieselbe grüne Glasur gleichmäßig auf die rote Oberfläche auf, erzielt man den entgegengesetzten Effekt, schwächt das Rot ab und macht es sanfter und gedämpfter. Sie können diese Dämpfungstechnik einsetzen, wenn Sie zum Beispiel die Lebendigkeit einer Farbe falsch eingeschätzt haben und die Wirkung abschwächen müssen, ohne dabei gezwungen zu sein, ganz von vorn zu beginnen.

Außerdem müssen Sie bei der Wahl Ihrer Farbpalette bedenken, wie Ihr Wohnungsgrundriß aussieht. Gehen Sie durch die Räume, Flure und Treppenhäuser, und schauen Sie genau nach, welche Bereiche von anderen Räumen aus einsehbar sind. Wenn Sie die Farbübergänge sorgsam planen, können Sie sicherstellen, daß sich die Räume ergänzen, statt miteinander zu konkurrieren. Um einen koordinierten Look zu erreichen, bleiben Sie bei einer Stimmung – sanft, schlicht, kräftig oder hell – im ganzen Haus, selbst wenn Sie diesen Eindruck durch verschiedene Farben erzielen. Denken Sie daran, daß kräftige Farben am besten im hellen Sonnenlicht wirken, daß man in den Tropen oder am Mittelmeer findet. In den nördlichen Gebieten, die ein sanfteres Tageslicht besitzen und im Winter oft bewölkt sind, können diese kräftigen Farben hart und fehl am Platz erscheinen.

Um die Farben zu finden, die Ihren persönlichen Stil reflektieren, nehmen Sie sich Zeit, durch Bücher und Zeitschriften zu blättern, und notieren Sie alles, was Ihnen ins Auge fällt. Wandfarben können die Farbpalette eines Raums dominieren oder auch nur einen Hintergrund für Möbel und andere Einrichtungsgegenstände bilden. Sobald Sie sich für eine Farbe entschieden haben, erkunden Sie ihre Möglichkeiten, indem Sie eine Grundschicht auf Karton auftragen und dann Glasurschichten darüber anbringen. Indem Sie dann den Karton mit Ihrer Probe im ganzen Raum und zu verschiedenen Tageszeiten testen, bekommen Sie einen Eindruck davon, inwieweit künstliches, Tages- und Kerzenlicht die Farbe beeinflussen.

Glasieren und Waschen

Die geheime Zutat für subtile Struktur und transparente Farben an Wänden ist Glasur, ein gel- oder sirupartiges Künstlermedium, das in jeder Farbe getönt werden kann und anschließend über der Grundschicht aufgetragen wird. Für Wände wird Glasur leicht verdünnt, so daß man sie schnell und leicht in einer dünnen Schicht auftragen kann. Eben weil Glasur so dünn und halbtransparent ist, kann man die darunterliegende Farbe mit einem sanften Glanz erkennen. Der vielleicht schönste Gebrauch von Glasur findet sich in den Ölgemälden und Fresken der Renaissance, bei denen ein Hauch von rosig gefärbter Glasur auf den Wangen die Werke zum Leben erweckt.

Bei der Gestaltung von Räumen wird die Glasur direkt auf die Wand aufgetragen und bearbeitet, solange sie noch feucht ist. So kann Glasur mit einem Schwamm oder Tuch abgetupft werden, um eine strukturierte Fläche zu hinterlassen, oder mit Mustern versehen werden, indem man einen Kamm, eine Bürste oder einen anderen Gegenstand darüber zieht. Sobald die Glasur trocken ist, kann man eine neue Schicht in derselben oder einer anderen Farbe hinzufügen und das Ganze wiederholen. Indem man Farben und Techniken variiert, kann man unzählige strukturierte Muster erreichen. Ein Teil des Vergnügens in der Anwendung von Glasuren liegt darin, seine persönliche Methode zu entwickeln.

Wahl des Mediums

Die erste Entscheidung, die man fällen muß, ist die, ob man Farben und Glasuren auf Öl- oder Wasserbasis verwendet. Beide Arten haben ihre Vor- und Nachteile, über die man sich im klaren sein sollte, denn Sie müssen dasselbe Produkt während des Gestaltungsprojektes – von der Grundschicht bis zur letzten Glasur – benutzen, wenn die einzelnen Lagen sich verbinden sollen.

Glasuren auf Ölbasis sind häufig einfacher für Anfänger, da sie länger zum Trocknen brauchen und damit unnötigen Zeitdruck vermeiden. Der Nachteil ist, daß sie mit feuergefährlichen und häufig stark riechenden Lösungsmitteln verdünnt und entfernt werden müssen, die man nur mit Vorsicht und in gut belüfteten Räumen anwenden sollte. In manchen Gegenden wurde der Gebrauch und die Entsorgung von Farbprodukten auf Ölbasis beschränkt, um ihren schädlichen Einfluß auf die Umwelt zu reduzieren.

Erzeugnisse auf Wasserbasis sind relativ geruchlos, und die nasse Farbe kann mit kaltem Wasser aus Pinseln und Rollen gewaschen werden. Eine Art, mit den schneller trocknenden Glasuren auf Wasserbasis „Schritt zu halten", ist es, mit einem Partner im Tandem zu arbeiten, wobei einer die Glasur aufträgt und der andere mit einem Tuch oder Schwamm abtupft oder den Kamm darüber zieht. Außerdem gibt es bestimmte Abbindeverzögerer, die das Trocknen von Akrylfarben verlängert.

Farben auf Ölbasis

Wenn Sie sich für Produkte auf Ölbasis entscheiden, benötigen Sie folgendes:

- Alkydfarbe in Schleiflackausführung oder matt
- Lackfarbe, Ölfarbe oder Universalfarbe
- Transparente Ölglasur
- Lösungsmittel (Petroleum, Terpentin, Farbverdünner)

Die Grundschicht sollte eine Alkydfarbe in matter oder Schleiflackausführung sein. Meiden Sie Hochglanz- oder Emaillefarben, deren allzu glatte Oberfläche der Glasur keinen Halt bietet. Kaufen Sie genug Farbe für ein bis zwei Schichten. Die Grundfarbe kann im Laden gemischt werden, oder Sie können durch den Kauf von weißer Farbe und das Zufügen von Lack-, Öl- oder Universalfarbe Ihre eigenen Farbtöne mischen. Ebenso können Sie transparente Ölglasuren kaufen oder selbst machen, indem Sie drei Teile Terpentin, einen Teil zweifach gekochtes Leinöl und einige Tropfen Lacktrockenmittel mischen. Genau wie Farben können Sie Glasuren nach Ihrer Wahl abtönen. Die Lösungsmittel sind zur Verdünnung und Entfernung nötig.

Farben auf Latex- und Wasserbasis

Wenn Sie sich für Produkte auf Wasserbasis entscheiden, benötigen Sie folgendes:

- Halbglanzlatexfarbe für Innenräume
- Akryl- oder Universalfarben
- Akryl-Künstlerglasur

Die Grundschicht sollte eine Halbglanz-Latexfarbe für Innenräume sein. Bei Latexfarben sollten Sie matte Ausführungen meiden, denn sie sind zu matt und absorbieren die Glasur, bevor Sie sie abtupfen können. Wie Ölfarben können auch Latexprodukte bereits gemischt gekauft oder selbst gemischt werden. Glasuren auf Wasserbasis werden aus Akryl-Künstlerglasuren hergestellt, die es in flüssiger und gelartiger Form gibt, die mit Wasser verdünnt und abgetönt werden können. Achten Sie allerdings darauf, ein Medium zu kaufen, das beim Trocknen klar bleibt und nicht weiß wird.

Vorbereitung der Glasur

Glasur mit der richtigen Konsistenz gleitet auf die Wand, haftet glatt und läuft und tropft nicht. Leider gibt es keine Formeln, die garantieren würden, daß man Glasur immer auf die richtige Konsistenz verdünnt, die von Luftfeuchtigkeit, Sonneneinstrahlung und Lufteinfluß mitbestimmt wird. Wenn Sie also eine Öl- oder Akrylglasur verdünnen, achten Sie darauf, daß Sie den Verdünner oder das Wasser immer in kleinen Mengen zugeben, da das Verdünnen immer leichter ist als das Andicken.

Auch bei der Färbung der Glasur braucht man Fingerspitzengefühl. Um die Transparenz der Glasur zu erhalten, sollte man nur sparsam Farbe zugeben, gerade genug, um sie zu tönen, ohne dabei die Transparenz zu verlieren. Grundsätzliche Mengen für eine Glasur auf Ölbasis sind: sechs Teile Ölglasur, ein Teil Verdünner und bis zu einem Teil Farbe. Bei einer Glasur auf Wasserbasis sind es ein Teil Akrylglasur, drei Teile Wasser und bis zu einem Teil Farbe.

Wenn Sie noch ein Anfänger beim Mischen von Glasuren sind, mischen Sie zunächst eine kleine Menge in einem Wegwerfbehälter (schon ein solider Pappbecher reicht), und schreiben Sie sich auf, welche Mengen Sie benutzt haben. Testen Sie Ihre Mischung auf einem grundierten Karton, und kleben Sie die Pappe mit Tesafilm an die Wand, um sicherzugehen, daß Sie den gewünschten Effekt erzielt haben. Falls die Glasur beim Auftragen läuft oder die mit Hilfe von Tuch, Schwamm oder Kamm geschaffene Struktur nicht hält, ist die Glasur zu dünn. Ist die Glasur zäh und schwierig zu bearbeiten, dann ist sie zu dick. Wenn das „Rezept" richtig ist, schreiben Sie sich die Mengen genau auf, und mischen Sie nun eine größere Menge in einem Plastikeimer. Je nach Viskosität sollten 1,9 l Glasur ausreichen, eine Wandfläche von 27 m^2 zu bedecken. Mischen Sie immer circa 20 % mehr Glasur, als Sie eigentlich brauchen, um zu vermeiden, daß Ihnen unterwegs die Glasur ausgeht. Denn selbst mit einem schriftlichen „Rezept" kann man nicht garantieren, daß man immer dieselbe Farbe erzielt.

Frisch ans Werk

Die Liste auf der rechten Seite enthält praktisch alle Werkzeuge und Gegenstände, die Sie zur Farbgestaltung strukturierter Wände benötigen, von der Vorbereitung der Wände bis zum trokkenen Abpinseln der letzten Waschschicht. In den folgenden Abschnitten finden Sie Hinweise zur Anwendung der einzelnen Gegenstände.

Beim Kauf der Werkzeuge und Ausrüstung sollten Sie immer auf höchste Qualität achten, da Sie so effizienter arbeiten und professionellere Ergebnisse erzielen. Rollen sollten ihren Bezug von innen stützen, so daß das Äußere nicht zusammenbricht. Der Bezug selbst sollte weich und flauschig sein, damit er möglichst viel Farbe aufnehmen kann, ohne zu tropfen. Pinsel sollten gut befestigte Naturborsten haben. Wenn Sie die Borsten spreizen, sollte man nicht bis auf das Holz des Griffs sehen können. Die Schwämme

Werkzeug und Ausrüstung

- Farbtablett oder 19-l-Eimer mit Abrollvorrichtung
- Abdecktücher
- Gummihandschuhe
- Pinselschleuder
- Trittleiter
- Spachtelmasse
- Spachtel
- Flexibles Kittmesser
- Schmirgelpapier

müssen dick und saugfähig sein. Übersehen Sie nicht die Bedeutung von Abdecktüchern, Eimern, Gummihandschuhen und Pinselschleudern, da sie bei der Arbeit an sich und beim anschließenden Saubermachen helfen.

Und schließlich noch einige Tips:

- Wenn Sie einen neuen Farbeimer öffnen, nehmen Sie sich einige Minuten Zeit, und hämmern Sie mit Hilfe eines Nagels Löcher im Abstand von 2,5 cm um den Rand herum. Auf diese Weise kann Farbe, die in den Rand gerät, wieder in den Eimer zurücklaufen.
- Arbeiten Sie mit Pinseln, dann gießen Sie etwas Farbe in einen Plastikeimer, so daß Sie nicht den schweren Farbeimer die Trittleiter hinauftragen müssen.
- Die Anstreicherkleidung besteht aus bequemen alten Sachen, Gummihandschuhen und einer Kappe mit Schlägerkrempe.
- Halten Sie die Fenster geöffnet und den Raum gut belüftet, sowohl bei der Arbeit als auch beim anschließenden Trocknen.

Vorbereitung der Wandoberfläche

Es gibt zwei Methoden, eine Wand für den Anstrich vorzubereiten. Die eine besteht darin, die Wand perfekt zu grundieren und alle Löcher und Dellen zu füllen und glatt zu schmirgeln. So wird sichergestellt, daß Farb- und Glasurschichten ohne Sprünge aneinander haften. Manchmal spielt dagegen die Langlebigkeit keine Rolle. Vielleicht wollen Sie einfach eine vorübergehende Wohnung etwas beleben oder einen Raum interessanter machen, während Sie an Plänen für eine grundsätzliche Renovierung arbeiten. Falls Sie den „Charakter" eines Raums betonen wollen, können Sie Sprünge in der Wand provisorisch flicken, um weiteren Schaden zu verhindern, anstatt sie komplett auszubessern, und anschließend die Sprünge in die Farbgestaltung integrieren und mit ihnen einen attraktiven „Ruinen-Look" erzielen.

Um eine dauerhafte Wirkung Ihrer Gestaltung zu erreichen, müssen Sie die Wand so gut wie möglich restaurieren, bevor Sie mit dem Streichen und Glasieren beginnen. Diese Vorbereitung ist zeitaufwendig und mühsam, doch die entstehende glatte Oberfläche ist die Mühe wert. Räumen Sie zunächst alle Möbel in die Mitte des Raumes, nehmen Sie alle Bilder, Spiegel und Lampenfassungen herunter, und bedekken Sie alles, auch den Fußboden, mit Abdecktüchern. Es ist ratsam, Abdecktücher aus Stoff zu verwenden, da sie Farbtropfen aufsaugen und die Flüssigkeit verdunsten lassen. Meiden Sie Plastikabdecktücher, da Farbkleckser an ihnen klebenbleiben und nur darauf warten, daß Sie hineintreten und die Farbe dann im ganzen Raum verteilen. Nehmen Sie alle Steckdosen- und Schaltergehäuse ab, und kleben Sie Plastiktüten über Türgriffe.

Als nächstes nehmen Sie die Wand aus allen Winkeln in Augenschein, wenn sie nicht direktem Sonnenlicht ausgesetzt ist. Dies ist die beste Art, Sprünge, Dellen und andere Fehler zu entdecken. Finden Sie einen Sprung oder ein Loch, dann entfernen Sie zunächst alles Lose mit einem Schaber, und fegen Sie dann den Mörtel mit einem weichen Pinsel ab (tragen Sie dabei bitte einen Mundschutz). Tapetenspuren und Kleister können mit einem geeigneten Reiniger oder einem Dampfgerät entfernt werden. Finden Sie Nägel in Ihrer Wand, schlagen Sie diese bis unter die Oberfläche ein. Dabei entsteht eine kleine Delle im Verputz (Nägel in Rigipswänden sollten allerdings entfernt werden). Nun füllen Sie alle Unebenheiten mit Spachtelmasse, indem Sie ein flexibles Kittmesser verwenden und die Oberfläche so flach wie möglich streichen. Wenn der Spachtel hart ist, schmirgeln Sie die Oberfläche leicht ab, bis sie vollkommen glatt und gleichmäßig mit der Wand ist. Eventuell müssen Sie den Spachtelvorgang mehrmals wiederholen, da Spachtel beim Hartwerden schrumpft. Welche Form die Vorbereitung einer Wand annimmt, hängt immer vom Zustand der Wand ab.

Grundierung der Wände

Sobald die Oberfläche eben ist und der Staub aufgesaugt wurde, kann der angenehme Teil beginnen: der Aufbau der Farbschichten. Ihre erste Schicht ist immer eine Grundierungsschicht. Dabei handelt es sich um ein weißes Farbprodukt, das die Flecken der Spachtelarbeit übertüncht, die Deckung der ersten Farbschicht (besonders wenn es sich um helle Farben handelt) erhöht und auf neuen, bloßen Wänden einen Puffer bildet, so daß die Wände die erste Farbschicht nicht wie ein Schwamm aufsaugen. Eine Universalgrundierung kann unter Produkten auf Öl- und Wasserbasis angewendet wer-

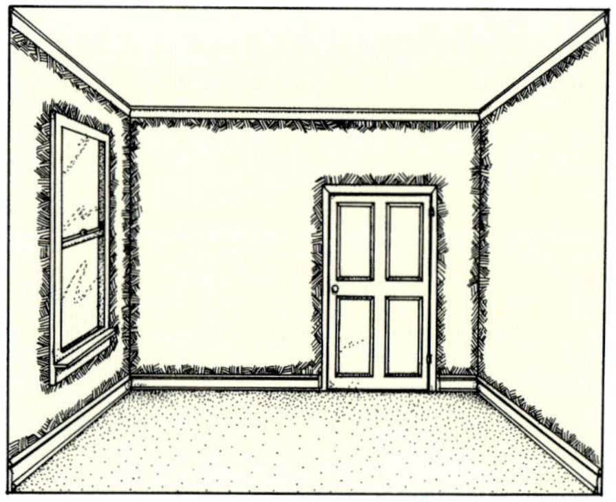

DIE ERSTE SCHICHT NACH BEARBEITUNG DER RÄNDER UND ECKEN

den und bildet außerdem einen guten Untergrund, wenn Sie eine bereits gestrichene Wand mit einem neuen Farbton überziehen wollen.

In manchen Situationen – wenn zum Beispiel die alte Farbe genau die gleiche wie die neue ist – kann man die Grundierung unbesorgt auslassen.

Die erste Farbschicht

Sobald die Grundierung trocken ist, kann die erste Farbschicht aufgetragen werden. Zunächst sollten Sie mit einem Pinsel die Ecken und den Übergang zur Wand, zu Fußleisten und Fenstern streichen – all die Bereiche, die mit einer Rolle nur schwer zu erreichen sind. Dabei sollte die Farbe gleichmäßig aufgetragen werden und bis mindestens 7 cm vom unzugänglichen Bereich ausgehen. Um den Pinsel ausreichend zu „laden", tauchen Sie die Borsten in die Farbe, bis sie etwa zur Hälfte bedeckt sind, halten dann den Griff senkrecht nach unten und schlagen die Borsten hin und her gegen die Eimerwand, um alle überschüssige Farbe loszuwerden. Auf diese Weise behalten Sie die meiste Farbe an den inneren Borsten, und Sie können gleichmäßige Striche von ca. 60 cm Länge ausführen, bevor Sie neue Farbe brauchen. Mit etwas Übung können Sie gerade Striche an Rahmen oder an der Decke ziehen, doch wenn Sie dabei noch Schwierigkeiten haben, können Sie sie mit einem speziellen Klebeband abkleben. Falls Sie die Grundierung weggelassen haben, grundieren Sie gespachtelte Bereiche mit Farbe. Trockener Spachtel absorbiert Farbe schneller als die umgebende Wand, daher sollte dieser Schritt für besseres Abdecken mit der Rolle sorgen.

Am schnellsten bringt man Farbe mit einer Rolle auf die Wand. Um die Farbe auf die Rolle zu bekommen, füllen Sie das tiefe Ende des Farbtabletts oder das untere Viertel eines 19-l-Eimers mit Farbe und tauchen die Rolle hinein.

DAS ROLLEN EINES M

Um überschüssige Farbe loszuwerden, rollen Sie die Rolle einige Male über das gewinkelte Ende des Tabletts oder über die Abrollvorrichtung im Eimer. Nun rollen Sie ein großes M an die Wand und verteilen dann die Farbe auf der Wand, indem Sie in verschiedenen Richtungen rollen. Der Verlängerungsstiel sollte Sie bis an die Decke und an die Fußleiste reichen lassen, ohne daß Sie eine Trittleiter brauchen oder sich bükken müssen. Eine zweite Schicht liegt allein bei Ihnen, da die folgenden Glasurschichten die erste Farbschicht ausfüllen und vertiefen.

Einfache Glasurstrukturen

Das Arbeiten mit Glasur auf einer großen Wandfläche unterscheidet sich sehr von Ihrem kleinen Kartonbeispiel. Um Glasur auf eine Wand zu bringen, arbeiten Sie von links nach rechts (Linkshänder von rechts nach links) in ca. 60 cm breiten senkrechten Abschnitten von oben nach unten, indem Sie zuerst die Glasur auftragen und dann bearbeiten. Gehen Sie nun zum nächsten Abschnitt über, und verwischen Sie den Übergang. Wenn Sie diesem Verfahren folgen, stellen Sie sicher, daß die gesamte Wandfläche ebenmäßig Farbe und Struktur erhält. Die meisten Glasierungsmethoden beinhalten mehrere Schritte, und es hilft, wenn man im Team arbeitet. Dabei kann eine Person die

TEAMWORK

2. Die zweite Person tupft die Glasur mit einem Tuch ab, um ihr Struktur zu geben.

Glasur mit Rolle und Pinsel auftragen, während die andere die aufgetragene Glasur mit Tuch oder Kamm bearbeitet.

Um ein Verschmieren der Farbe in Ecken zu vermeiden, stellen Sie gegenüberliegende Wände an einem Tag fertig, lassen sie über Nacht trocknen und beginnen dann am nächsten Tag mit den sich anschließenden Wänden. Beim Arbeiten mit Glasuren sollten Sie immer Gummihandschuhe tragen und für gute Belüftung der Räume sorgen. Zwischen den Schichten sind ausreichende Trockenzeiten erforderlich, um bereits getane Arbeit nicht zu verschmieren.

Bearbeitung mit Tüchern

Das Hauptwerkzeug bei diesem Verfahren sind Tücher in der Größe von ca. 60 cm^2. Leinen- und Baumwollstoffe sind ideal, doch man kann mit Baumwollstrick oder lose gewobenen Textilien wie Mull neue Effekte erzielen. Die Tuchränder sollten mit einer Schere sauber abgeschnitten sein, damit bei der Arbeit keine losen Fäden in die Glasur geraten können. Sie sollten immer eine ausreichende Menge an Tüchern schneiden, da sie sich während der Arbeit mit Glasur vollsaugen und Sie sie austauschen müssen.

Tücher werden benutzt, um verdünnte Farbe und Glasur auf die Wand aufzutragen, bereits aufgetragene Glasur zu strukturieren und Glasur abzutupfen. Denken Sie daran: Je mehr Druck Sie ausüben, desto mehr Glasur nehmen Sie ab. Um Glasur oder verdünnte Farbe mit einem Tuch aufzutragen, lassen Sie ein Tuch sich vollsaugen, wringen es gut aus, knüllen es leicht zusammen und betupfen damit die Wand. Eine andere Methode ist, das nasse Tuch wie eine Röhre zusammenzurollen und dann über die Wand zu rollen. Um eine weniger ausgeprägte Struktur zu erreichen, tragen Sie zunächst Glasur mit Rolle oder Pinsel auf und betupfen sie dann mit einem zusammengeknüllten Tuch, das in Wasser oder Terpentin getaucht wurde, um die Glasur wieder abzunehmen. Einen Marmoreffekt in zwei Farbtönen erreichen Sie, wenn Sie die Glasur in willkürlichen Strichen über etwa die Hälfte der Wand streichen und diese mit einem Tuch bearbeiten. Lassen Sie das Ergebnis gründlich trocknen, und tragen Sie dann an den frei gebliebenen Stellen die andersfarbige Glasur auf und bearbeiten diese genauso. Sie können auch mit anderen Tuchverfahren erst auf einer Pappe experimentieren, bevor Sie sich an die Arbeit machen. Gleichgültig, welches Verfahren Sie anwenden, denken Sie immer daran, das Tuch bei der Arbeit in der Hand zu drehen, damit sich kein Muster wiederholt. Drehen Sie das Tuch nicht auf der Wand, damit keine Schmieren entstehen. Sie können die verschiedensten Effekte erzielen, von groben bis zu zarten Mustern, je nachdem wie viele Schichten Sie auftragen und wie starken Druck Sie ausüben.

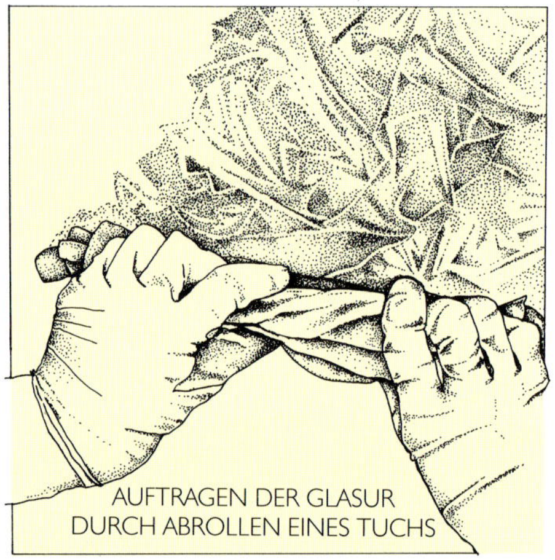

AUFTRAGEN DER GLASUR DURCH ABROLLEN EINES TUCHS

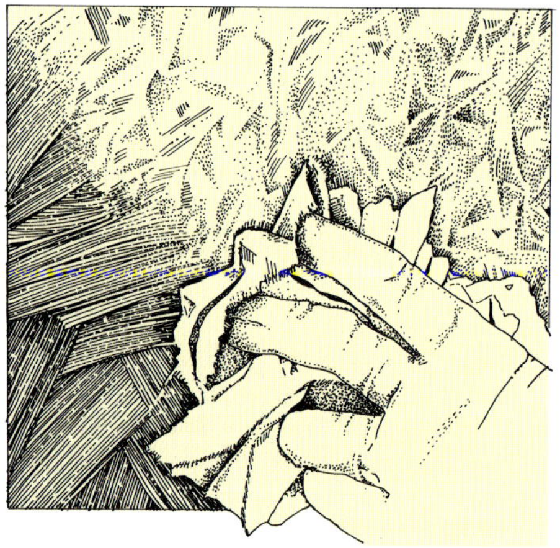

ABNEHMEN VON GLASUR DURCH ABTUPFEN

Farbwäschen

Diese Methode ermöglicht einen sanften Schimmer der Wände, der an die Wirkung von Wasserfarben erinnert. Hierbei werden sehr dünne Glasuren verwendet, durch die man mehrere durchscheinende Schichten erhält. Die Glasur wird mit Rollen oder Pinseln aufgetragen und dann in alle Richtungen leicht mit einem Schwamm oder einem weichen Pinsel, der keine Borstenspuren hinterläßt, verstrichen. Die fertige Wand erhält eine alt erscheinende Patina, die besonders wirkungsvoll ist, wenn ein Hauch der Grundfarbe durchschimmert.

Man kann für dieses Verfahren Produkte auf Öl- und Wasserbasis nehmen, obwohl dünne Glasuren auf Wasserbasis üblicherweise sehr schnell trocknen und Ihnen eventuell nicht genug Zeit lassen, die Ränder immer gut zu verwischen. Um die Verdunstung zu verlangsamen, können Sie die Wand vor dem Auftragen der Glasur mit Hilfe von Wasser und Schwamm nässen, allerdings erst, wenn die Grundschicht völlig trocken ist. Außerdem kann man einen Abbindeverzögerer für Akrylfarben beimischen, damit die Trockenzeit der Glasur verlängert wird.

Farbwäschen werden noch interessanter, wenn man eng verwandte Farben in Schichten aufträgt. Terrakottatöne sind besonders warm und satt, während Blautöne tief und geheimnisvoll wirken, als ob man in einen Teich schaut. Die sanften Abweichungen, die bei der Farbwäsche erscheinen, können kleinere Unebenheiten der Wände tarnen.

ARBEITEN MIT EINEM NATURSCHWAMM

ARBEITEN MIT EINEM KÜNSTLICHEN SCHWAMM

Schwammverfahren

Die Methode ist einfach und fast idiotensicher, was sie besonders geeignet für Anfänger macht. Schwämme kann man wie Tücher verwenden. Man kann mit ihnen Glasur oder verdünnte Farbe auftragen, eine bereits aufgetragene Glasur strukturieren und in Tupfen abnehmen.

Es gibt zwei grundsätzliche Arten der Schwammhandhabung. Die eine beinhaltet, daß man den Schwamm nach oben und unten über die Wand tupft, so daß die Löcher im Schwamm eine Art Negativeindruck auf der Wand hinterlassen. Diese Technik funktioniert besonders mit Naturschwämmen gut wegen der unregelmäßigen Größen und Formen der Löcher. Wie bei den Tüchern müssen Sie auch den Schwamm in der Hand drehen, um Musterwiederholungen zu vermeiden. Wenn Sie Farbe auftragen, denken Sie daran, sich nicht zu lange an einer Stelle aufzuhalten, da Sie sonst zuviel auftragen und die Hintergrundfarbe übertünchen.

Bei der anderen Art wischen Sie mit den Kanten des Schwamms in kurzen willkürlichen Strichen – wie bei Pinselstrichen – über die Wand. Wenn Sie den Schwamm am Ende jedes Strichs leicht anheben, erzielen Sie einen hübschen Federeffekt, der besonders wirkungsvoll ist, wenn noch weitere Farben verwendet werden. Bei dieser Technik ist ein künstlicher Schwamm am besten.

Wenn Sie Farbe mit einem Schwamm abtupfen und der Schwamm sich zu voll gesogen hat, können Sie ihn auswringen und fortfahren. Um eine noch glattere Bearbeitung von Glasuren zu erreichen, feuchten Sie den Schwamm zunächst an. Wir empfehlen Farben auf Wasserbasis, doch es kann auch mit Ölfarben gearbeitet werden. Machen Sie sich Sorgen um das schnelle Trocknen von Produkten auf Wasserbasis, befeuchten Sie den Schwamm zunächst mit klarem Wasser, bevor Sie die Glasur auftragen.

Kammverfahren

Bei dieser Methode erzielen Sie die ausgeprägtesten Strukturen und Muster. Immer wird zuerst die Glasur auf die Wand aufgetragen, und anschließend wird ein Kamm hindurchgezogen und ein Muster geschaffen. Sie können spezielle Farbkämme mit langen Zacken in Fachgeschäften für den Künstlerbedarf kaufen, oder Sie können aus allen möglichen Materialien (vorzugsweise Plastik) Ihre eigenen Muster schneiden. Außerdem kann man noch Pinsel mit steifen oder sehr kurzen Borsten verwenden, die den Effekt der Holzmaserung erzielen.

Dieses Verfahren erfordert Übung und Geduld. Sie müssen den Kamm in langen, ununterbrochenen Bewegungen über die Wand ziehen, um das Muster nicht zu zerstören. Wenn Sie eine neue Linie beginnen, müssen Sie den Kamm direkt neben der vorherigen Linie ansetzen, um die Abstände einzuhalten und den Übergang zu tarnen. Gleichmäßige Bewegungen und übergangslose Muster sind nur schwer zu erreichen, wenn man auf der gesamten Fläche einer Wand von der Decke bis zum Boden arbeitet, was das Benutzen einer Leiter nötig macht. Sie könnten Ihre ersten Versuche mit dem Kammverfahren auf eine einfachere Fläche beschränken, zum Beispiel die untere Wandhälfte. Die andere Möglichkeit besteht darin, den Kamm in kurzen, sich überschneidenden

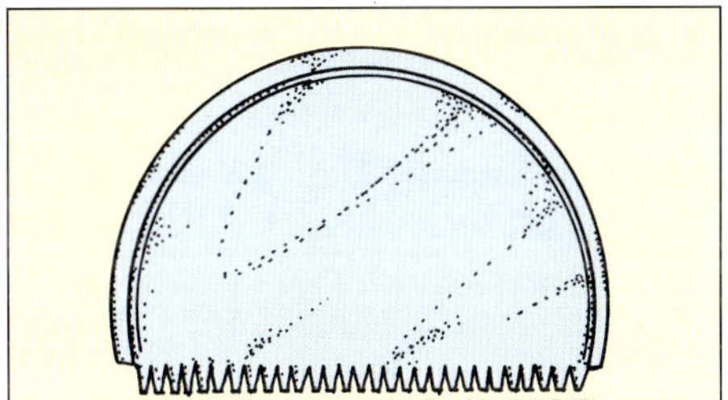

KAMM, DER AUS EINEM PLASTIKDECKEL GESCHNITTEN WURDE

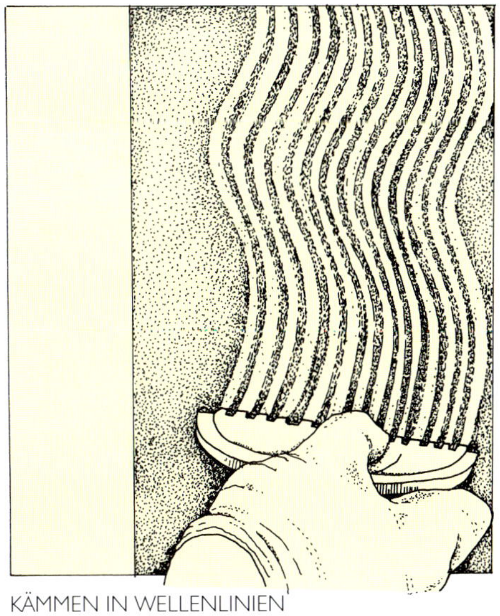

KÄMMEN IN WELLENLINIEN

Strichen zu führen, wodurch man das Muster eines grob gewebten Stoffs erzielt.

Saubermachen

Die Farbgestaltung eines Raums ist kein kleines Unterfangen, und das anschließende Saubermachen kann unschaffbar erscheinen, wenn man es nicht systematisch angeht. Produkte auf Öl- und Wasserbasis erfordern unterschiedliche Reinigungsmethoden, doch bei allen wird man eine Pinselschleuder gebrauchen können. Dieses clevere Gerät, das man in Fachgeschäften für Farben und Werkzeuge erhält, funktioniert wie ein Kinderkreisel und rotiert gesäuberte, noch nasse Rollen und Pinsel mit hoher Geschwindigkeit, bis sie fast trocken sind.

Um Produkte auf Wasserbasis zu entfernen, sollten Sie schnell handeln, bevor die Farbe trocknen kann. Spülen Sie Pinsel und Rollen unter kaltem fließendem Wasser aus, bis alle Farbspuren verschwunden sind. Flüssige Spülmittel können dabei helfen, die Farbe zu lösen. Entfernen Sie das Wasser, wenn nötig, stellen Sie die Pinselform wieder her, und legen Sie die Werkzeuge flach auf eine Tischkante. Bei besonders schweren oder zähflüssigen Farben und Glasuren müssen Sie dies mitunter mehrmals wiederholen. Plastikeimer können mit kaltem Wasser gereinigt werden.

Bei Produkten auf Ölbasis müssen Sie zwei Schritte unternehmen. Zunächst müssen Sie ein Lösungsmittel verwenden wie Terpentin oder Verdünner, um die Farbe aufzulösen, und dann das Lösungsmittel mit Seifenwasser abspülen. Tun Sie dies in gut gelüfteten Räumen, und tragen Sie dabei Gummihandschuhe. Pinsel reinigen Sie, indem Sie ein wenig Lösungsmittel in einen sauberen Plastikeimer gießen und die Pinselborsten hineintauchen und dann gegen die Eimerwand pressen, um die Farbe herauszudrücken.

VERWENDUNG EINER PINSELSCHLEUDER

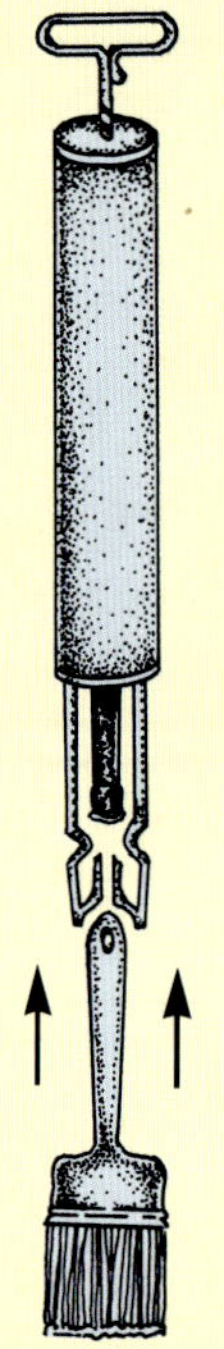

1. STECKEN SIE DEN GRIFF FEST IN DIE METALLKLAMMER.

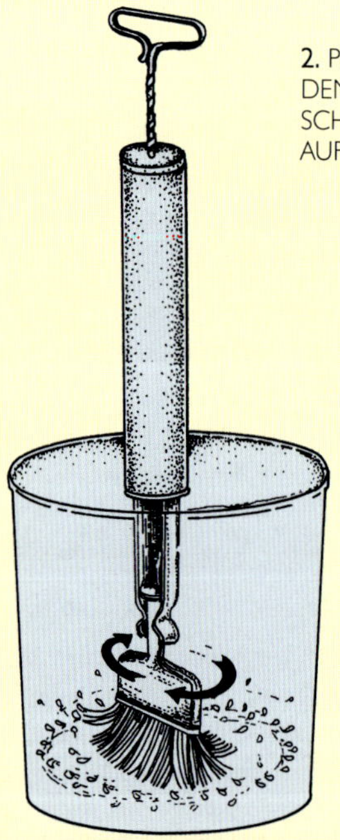

2. PUMPEN SIE DEN GRIFF DER SCHLEUDER AUF UND AB.

Um Ölprodukte von einer Rolle zu entfernen, gießen Sie das Lösungsmittel in eine flache Schüssel mit Seiten und tauchen die Rolle hinein. Das Lösungsmittel kann nur eine bestimmte Menge an Pigment absorbieren, daher müssen Sie diesen Schritt eventuell mehrmals mit frischem Lösungsmittel wiederholen. Zwischen den einzelnen Gängen sollten Sie die Pinselschleuder einsetzen, um den Vorgang zu beschleunigen. Als nächstes folgt das Auswaschen mit Seifenwasser und ein letzter Schleudergang. Eimer und andere Werkzeuge werden zunächst mit einem in Lösungsmittel getauchten Tuch ausgewischt, dann mit Seifenwasser ausgewaschen und getrocknet.

Aus wirtschaftlichen und Umweltgründen sollten Sie gebrauchtes Lösungsmittel lieber wiederverwerten als weggießen. Gießen Sie das Lösungsmittel in ein sauberes Glas mit Deckel, schrauben Sie den Deckel fest zu, und stellen Sie das Glas an einen Ort, an dem es nicht stört und bewegt wird. Nach ein bis zwei Wochen hat sich die Farbe am Boden abgesetzt, und das darüberliegende klare Lösungsmittel kann wieder gebraucht werden.

Die folgenden Photos zeigen Ihnen Beispiele der verschiedenen Techniken (Tuch, Farbwäsche, Schwamm und Kamm). Dabei finden sich Wände, die antike Ruinen imitieren, leuchtende Farben, die von innen zu glühen scheinen, und Räume, die durch den Einsatz verschiedener Techniken außergewöhnliche Effekte erzielen. Die Farbtiefe und Schönheit, die man mit gewöhnlichen Farbprodukten erreichen kann, übertrifft das Spektrum der flachen, fertigen Anstreicherfarben bei weitem. Was Sie in Ihrem Heim erreichen können, hängt allein von Ihrem Geschick und Ihrer Phantasie ab.

TEIL EINS

Die Vergangenheit wiederbeleben

WENN NEU WIE ALT AUSSIEHT

Sich mit einem Hauch der Vergangenheit zu umgeben, kann ein großes Vergnügen bereiten. Alte Möbel, Stoffe, Bilder und Bücher haben einen bescheiden machenden Einfluß und erinnern uns daran, daß unsere gegenwärtige Lebensanschauung nur ein Weg sind, die Dinge zu sehen. Menschen, die wirklich alte Objekte lieben, kehren den Drang zu modernisieren um und streben statt dessen danach, Neues alt aussehen zu lassen und Altes noch älter.

Frische Farben und Glasuren sind eine kostengünstige Methode, jedem Haus die Persönlichkeit, den Charakter und Anschein von altehrwürdigen Oberflächen zu verleihen. Nichtssagende Wände, Fußböden und Möbel können glaubhaft in imitierten Stein, sonnengebrannten Adobe, Terrazzo, Marmor und anderes verwandelt werden, das historische, kulturelle und regionale Bezüge hat. In der sich daraus ergebenden Umgebung kann man sich wohl fühlen, da die Gestaltung den gesamten Raum berücksichtigt, statt sich auf die Einrichtungsgegenstände zu beschränken.

Der „neue" alte Anschein ist noch dazu praktisch. Eine wirkliche Steinwand kann kalt und feucht sein, echter Marmor verliert mit der Zeit seinen Glanz und Jahrhunderte alter Verputz bröckelt schließlich und wird zu staubigem Puder. Das imitierte Alte dagegen benötigt fast keine Instandhaltung und kann nach dem Auftragen einer geeigneten Schutzschicht sogar abgewaschen werden.

Dieses Kapitel zeigt eine Reihe von altgedienten Oberflächen, die tatsächlich vor kurzer Zeit mit modernen Farbprodukten geschaffen wurden. Jede Fläche hat einen Anschein von Alter und Dauer erhalten, durch den die Einrichtung Würde bekommt.

Gegenüber: *Aristokratische Häuser und Einrichtungsgegenstände, die Anzeichen einer wohlwollenden Vernachlässigung tragen, verleihen eine romantische Aura. In diesem Fall lassen ein bis zwei Schichten einer leicht grün getönten Glasur einen Hauch natürlichen Holzes durchscheinen und schaffen den Eindruck, daß die Farbe schon seit ein bis zwei Jahrhunderten an der Wand ist.*

Links: *Eine verputzte Wand mit der ihr eigenen rauhen Oberfläche bildet die geeignete Leinwand für imitierten Stein. Um ein ehrwürdiges Alter vorzutäuschen, wurden willkürlich kontrastierende Glanzpunkte mit einem Tuch gesetzt, wobei diese mit Absicht schlicht, subtil und in geringer Anzahl gehalten wurden. Die Öffnung des Kamins wurde dagegen mit einem breiten Band schieferblauer Farbe umgeben, um ihre ungewöhnliche Form zu unterstreichen.*

Rechts: Die Farbspritzer auf der oberen und das warme Gelb der unteren Wandhälfte bringen neues Leben in einen verbrauchten großen Wohnraum. Das kleine Vermögen, das man braucht, um ein solches Heim zu restaurieren, bekommt man immer in Raten, so daß eine schnelle Übergangslösung nötig ist, bei der man gleichzeitig die Möglichkeit hat, künftige Farbkombinationen an Ort und Stelle auszuprobieren,

Unten: Die Planung eines Raumes auf der Grundlage von zwei Farben ist oft hilfreich, um eine Ansammlung von Gegenständen zu vereinen. Die dunklen Lila- und Orangetöne auf dieser auf alt getrimmten Wand werden durch eine blaue Tischdecke, die rostbraunen, ledernen Buchrücken und Rahmen aus Naturholz unterstützt. Die Vorliebe für die Antike wird noch durch zwei Marmorbüsten unterstrichen.

Gegenüber: Der schlichte Betonboden dieser Eingangshalle erhielt augenblicklich Patina, als Terrazzostreifen aufgemalt wurden. Die Glasur hat sogar realistische Kratzer und Dellen, wodurch der Anschein einer geschäftigen Hotelhalle des 19. Jahrhunderts erweckt wird. Durch Anordnung der Streifen und Aufstellung eines Tischs mit Marmorplatte auf der Diagonalen konnten zwei Ecktüren abgetrennt werden, die nicht länger in Benutzung sind.

Unten: Um das warme Licht des Feuers in den Raum zu verlängern, wurden Wände, Kamin und Decke dieses Heims im Adobestil alle mit derselben Aprikosenfarbe gewaschen. Die sanften Farbnuancen, die dabei entstehen, helfen dabei, Unebenheiten im Verputz zu mildern und zu tarnen. Die fertige Wand bildet einen magischen Hintergrund für abendliche Schatten.

Oben: Eine sanft mit Tüchern bearbeitete Wand bildet einen ruhigen, nicht übertriebenen Hintergrund für antike Gegenstände wie diesen dreiarmigen Messingwandleuchter. Die gedämpfte Patina des Messings würde auf einer weißen Wand schmutzig und nicht poliert erscheinen, doch hier glänzt es sanft auf der Lachsfarbe. Die dunkelroten und braunen Glasuren betonen die senkrechten Leisten auf der linken Seite.

Gegenüber: Die sehr hohe Decke, die einem Heim Licht und Platz gibt, verleiht allerdings nur selten Persönlichkeit. Um dieses moderne Wohnzimmer vor völlig weißer Sterilität zu bewahren, wurde die Kaminwand mit einer matten ziegelroten Glasur gewaschen und dann mit Hilfe verschiedener Techniken strukturiert. Das Ergebnis steht nun wie eine antike Ruine mitten im Raum, als ob der Rest des Hauses um die Wand herum gebaut wurde.

Unten: Häufig wird Farbe verwendet, um verschiedene Holzarten in einem Möbelstück oder einer Einrichtung zu verbergen. In diesem Alkoven eines höheren Stockwerks wurde der Anschein der Einbaumöbel mit Hilfe von Gußformen, einer normalen Trockenmauer und einem schlichten Schreibtisch aus unbehandeltem Holz erzielt. Um diese verschiedenen Elemente zu vereinen, wurden mehrere Glasurschichten von Smaragdgrün bis dunklem Türkis aufgestrichen und dann mit einem Tuch behandelt. Die gedämpfte, sanfte streifige Patina verleiht den Anschein eines hohen Alters.

Oben: Wenn eine Sammlung ausgesuchter Einrichtungsgegenstände beginnt, zu starr und steif auszusehen, kann eine sanft strukturierte Wand schon ausreichen, um die Härte zu mildern. Alle Gegenstände dieses Raums haben klare, geometrische Linien, von der Kommode mit Marmorplatte und goldgeränderten Schubladen bis zum Sessel mit Satinbezug. Die unregelmäßige Wand bringt einen unaufdringlichen femininen Touch in den Raum, der alle Objekte vorteilhaft präsentiert.

Links: Eine frische Farbschicht, die dann unregelmäßig leicht abgeschmirgelt wurde, hat gewöhnliche Küchenelemente des 20. Jahrhunderts in einen übergroßen alten Küchenschrank verwandelt. Eine Antiquität mit Originalfarbe, die abblättern kann, hat nichts am Ort der Speisenzubereitung verloren, doch diese Bearbeitung, die sich auch für ganz neue, unbehandelte Holzmöbel anbietet, bietet einen eindrucksvollen Ersatz.

Rechts: Als die Wände dieser Eingangshalle im herkömmlichen Weiß gestrichen waren, wurde das eingebaute Bücherregal selten benutzt und praktisch übersehen. Eine frische Farbwäsche mit einer gelben Glasur rückte es wieder in den Mittelpunkt und schuf Inspiration für eine behagliche Schreibecke, komplett mit Hundekorb. Um den neuen romantischen Look zu unterstreichen, wurden noch weitere Objekte hinzugefügt, darunter ein lässig an die Wand gelehntes Landschaftsgemälde.

~

Unten: Die Bemühung, alte zähe Farbschichten zu entfernen, führte zu einer gesprenkelten, fühlbar unebenen Wandoberfläche. Um die verbliebenen Fragmente zu mildern und zu integrieren, wurde eine helle, neutrale Glasur auf der gesamten Wand aufgetragen. Wie ein Gebäude, das den Stürmen der Zeit getrotzt hat, vermittelt das Ergebnis den Anschein von Solidität und Dauer. Ein Stuhl, der mit Kronendeckeln bedeckt ist, bildet einen scharfen Kontrast und bringt die Moderne ins Spiel.

~

Oben: Um diesem altmodischen, rein praktischen Badezimmer einen Hauch von Luxus zu verleihen, wurde praktisch das gesamte Renovierungsbudget in eine maßgefertigte Badewannenverkleidung aus rosa Marmor gesteckt. Die Wände wurden mit einem Tuch in gedämpftem Grau bearbeitet, um den zarten rosa Marmor nicht zu überstrahlen. Ein alter Kaminaufsatz mit Spiegel über der Wanne verleiht einen Hauch des Ungewöhnlichen und verhindert, daß die übrige weiße Einrichtung zu steril wirkt.

Oben: In den Subtropen kann ein Schlafzimmer mehrere Grade kühler erscheinen, wenn die Wände den Eindruck grauen Steins erwecken. Die leicht fleckige Oberfläche ist neutral und unaufdringlich und unterstreicht so die stille, eintönige Einrichtung. Die verstellbaren, klassisch weißen Blenden der Fenster helfen auch dabei, den Raum kühler zu halten.

Links: Einige Haarrisse auf der Gipswand passen gut zur gerahmten Stickerei. Die goldene Farbwäsche ergänzt den vergilbten Stoff und läßt die grüne Stickerei hervortreten. Zusätzliche Grüntöne erscheinen in den drei Kissen auf dem darunter stehenden Sofa.

TEIL ZWEI

Lebendige Farbe

GLÜHENDE RÄUME

Man sollte die Macht der Farben bei der Inneneinrichtung nicht unterschätzen, denn Farbe ist ihr vielleicht grundsätzlichster und gemeinsamster Aspekt. Eine Farbe regt Menschen zum Nachdenken an, eine andere bringt sie dazu, aus sich herauszugehen. Bei überlegter Auswahl können Farben in einem Heim die Bewohner aufheitern, ermutigen, entspannen, beruhigen und verwöhnen.

Farbe ist nie statisch. Ihre Stimmung verändert sich im Laufe des Tages, weil sie auf die wechselnde Sonneneinstrahlung, Wolken und abendliches Lampenlicht reagiert. Die Intensität und natürliche Schönheit jeder Farbe wird durch Glasuren vertieft. Farbe ist schließlich reflektiertes Licht, und wenn es mehr reflektierende Schichten gibt, wird die Farbe vertieft, ohne dabei notwendigerweise dunkler zu werden oder ihr ursprüngliches Funkeln zu verlieren. Das Auftragen dieser verschiedenen Schichten erfordert Geduld, doch das Ergebnis wiegt die Mühe auf – und zu beobachten, wie sich die Farbe entwickelt und intensiver wird, ist ein reines Vergnügen.

Die Abbildungen dieses Kapitels fangen die Vielfalt der Farbstimmungen ein, die Glasuren einer Wand verleihen können. Manche Zimmer haben gedämpfte Wasserfarbtöne, die sanft und wolkig sind, und andere besitzen einen stark taktilen Charakter, der durch das Tuch- und Kammverfahren entstand. Doch jede Stimmung hier eröffnet Ihnen neue Wege bei der Gestaltung Ihres Heims.

Gegenüber: *Üppiges Gold fließt von der Decke auf die Wände dieses Speisezimmers und erweckt den Anschein eines luxuriösen Privatsalons in einem Palast. Die Schaffung solcher eleganten Räume ist eine Kunst, die von Restaurateuren praktiziert wird, um ihren Kunden eine Fluchtmöglichkeit in eine andere Welt bieten zu wollen. Dasselbe Gefühl von Privatsphäre, Sicherheit und Luxus kann jeder in seinem eigenen Heim genießen.*

Links: *Üppige Leisten an den Wänden viktorianischer Häuser waren ursprünglich vergoldet und mehrfarbig bemalt, um die Details hervorzuheben. Leider neigen sehr altes Holz, Gips und Leisten zum Verkratzen und Absplittern, und die Schrumpfung kann sogar ganze Partien abbrechen lassen. Hier wurde eine dunkelgrüne, gekämmte Glasur aufgetragen, um die Schönheit alter Zierleisten zu betonen und alle Unebenheiten zu tarnen.*

Unten: Um einem ovalen Mahagonischreibtisch einen modernen Anstrich zu geben, wurden die Wände in seiner Komplementärfarbe, einem dunklen Grünblau, gestaltet. Die sanft im Tuchverfahren bearbeiteten Wände besitzen eine wolkenartige Qualität, die nach intensiver Arbeit am Schreibtisch einen besonders beruhigenden Anblick bietet. Der blaue Lampenschirm verstärkt die Farbpalette.

Oben: Der begrenzte Grundriß ließ am Fuß dieser L-förmigen Treppe nur wenig Platz. Um den Raum zu strukturieren und die Orientierung in diesem engen Bereich leichter zu machen, wurde er durch eine sonnengelbe Wand und einen rechteckigen Knüpfteppich optisch begrenzt.

Links: Gelbe Wände wären für die spartanische Einrichtung zu verspielt und naiv gewesen, daher wurde die Lösung Halbe-Halbe gewählt. Die gelbe untere Wandhälfte verleiht sonnige Farbe, ohne den Raum zu frivol erscheinen zu lassen. Der weiße Wandteil darüber bietet einen perfekten Hintergrund für ein traditionelles, religiöses Gemälde. Das Gesamtergebnis ist modern und schlicht elegant.

Rechts: Hier fallen sowohl natürliches als auch künstliches Licht auf die Schlafzimmerwand und zeigen die Vielfalt der Intensität und Töne, die eine einzige Farbe bietet. In hellem Tageslicht erscheint diese Korallenfarbe blaß, doch im Lampenlicht des Abends nimmt sie einen warmen Orange-Schimmer an. Beide Farbtöne passen zur blau gestreiften Bettdecke und den bemalten Einrichtungsgegenständen.

Unten: Die Umkehrung der gewöhnlichen Farbgebung kann einem Raum ein geheimnisvolles, surreales Flair verleihen. Im Gegensatz zur typischen Gestaltung, bei der Wände heller als die Böden sind, besitzt dieses Eßzimmer eine in dunklem Mahagoni gestaltete Wand über einem blaß beigen Teppich. Obwohl diese Kombination außergewöhnlich ist, besitzt sie auch eine ruhige Qualität, vielleicht wegen der sparsamen Einrichtung und der Wärme der Möbel und Leisten.

Oben: Ein gestufte Halbwand – Teil eines größeren Durchbruchs – schuf hier einen Blickpunkt zwischen Wohn- und Eßzimmer und machte eine Abstimmung der Farben in beiden Räumen nötig. Um das Monotone einer einzigen Farbe zu vermeiden, wurden die Eßzimmerwände glasiert und anschließend mit diagonalen Pinselstrichen bearbeitet, um eine Struktur zu erzielen, die vom Winde verweht erscheint. Der Gesamteindruck ist harmonisch, obwohl jeder Raum seine eigene Identität behalten hat.

Oben: Wenn die Architektur eines Raumes so großartig wie hier ist, sollte sich nichts anderes in den Vordergrund drängen. Um die Wände zurücktreten zu lassen, wurden sie mit einer dunklen pfauenblauen Glasur versehen, die der Polsterung der Stühle ähnelt. Marmorierung in Goldtönen auf weißem Untergrund lenkt statt dessen die Aufmerksamkeit auf die Säulen, hohen Fußleisten und dekorativen Stuckleisten. Ein geraffter Vorhang ist ähnlich gesprenkelt wie die Marmoreffekte.

Unten: In Räumen, die hauptsächlich der abendlichen Unterhaltung gewidmet sind, schaffen dunkle Wände eine romantische, verführerische Stimmung. Die Entwicklung dieser Farbgebung – von Apfelgrün zu Dunkelgrün zu Ultramarin zu Mitternachtsblau – erweckt mehr Interesse als einfaches Schwarz, ist aber nicht weniger raffiniert. Gegen die dunklen Wandfarben hebt sich die Sitzecke in Zimt- und Orangetönen wie ein Juwel ab.

Links: Farbe, die intensiver wird, je näher sie der Decke kommt, imitiert hier den Himmel, der in der Nähe des Horizonts immer heller und weniger intensiv erscheint. Einen Rahmen für dieses Bild bilden Bögen aus Blättern, die mit dem Regal und der ungewöhnlichen Lampe diesem kleinen, eher praktischen Badezimmer einen Hauch altmodischer Eleganz verleihen.

Links: Um einen breiten Durchgang und einen quadratischen Raum noch größer erscheinen zu lassen, wurden die Wände mit einer himmelblauen Glasur versehen. Die kühle Farbe tritt optisch zurück, so daß die gegenüberliegende Wand noch weiter entfernt erscheint. Dunkel- braune Rhomben, die mit Schablonen auf den Fußboden gedruckt wurden, bilden einen scharfen Kontrast zum Himmelseffekt. Trotz des vorherrschenden Blaus der Wände und Einrichtungsgegenstände bleibt die Gesamtstimmung lebendig und heiter, weil weißes Holz, rote Kissen und ausgesuchte Wandleuchter hinzugefügt wurden.

Oben: Die Anordnung von „Erdfarben“ unterhalb und „Himmelsfarben“ oberhalb ist eine perfekte Lösung für die Farbgebung einer Eingangshalle. Jede Fläche – die Terrakottawände und die hellblaue Decke – wird durch weiße Holzleisten gerahmt, die die Farben voneinander absetzen.

Unten: Um der ihnen eigenen Schönheit von willkürlichen und symmetrischen Mustern angemessenen Ausdruck zu verleihen, sollte man sie nebeneinander setzen. Die glasierte Wand wurde in alle Richtungen „gekämmt", wodurch der Eindruck eines Luftbildes von bebauten Feldern entsteht. Die danebenliegenden symmetrischen Muster des Vorhangstoffs erscheinen im Gegensatz dazu noch gleichmäßiger. Der Schlüssel zum Erfolg eines solchen Gegensatzes liegt in der Farbkombination.

Oben: In einem so höhlenartigen Schlafzimmer ist es wichtig, die Aufmerksamkeit von der hohen Decke abzulenken. Auf der entferntesten Wand hilft dabei eine kreideblaue Farbe, die sich bis zur Höhe moderner Decken zieht. Eine Reihe kleiner gerahmter Photos auf dem Kaminaufsatz und eine Büste in der Kaminöffnung ziehen den Blick nach unten, fort vom klassischen Porträt, das über dem Kamin dräut.

Links: Dieser baulich ungewöhnliche Raum besaß so viele interessante Winkel, Kanten und Ecken, daß es keinen offensichtlichen Blickpunkt gab. Um für Kontrast zu sorgen, wurde die Kaminwand in tiefem Kornblumenblau gestaltet. Die blaue Glasur, die durch die Terrazzofliesen im Vordergrund inspiriert wurde, ergänzt das goldene Holz der Möbel und des Fußbodens und bildet so einen Kontrast.

Rechts: Standard-Regalelemente können zwar Aufbewahrungsraum bieten, können aber, wenn sie nicht in die Wand passen, fehl am Platz wirken. Um die hier gezeigten Elemente mit dem Raum in Einklang zu bringen, wurden dazwischengesetzte Säulenleisten angebracht. Leisten schließen die Lücke zur Decke und imitieren Kapitelle. Damit die Säulen hervorstechen, wurden die umgebenden Wände und die Decke in sanften Grün- und pudrigen Rosatönen glasiert und mit Tüchern bearbeitet, die zwar Einheitlichkeit und Farbe bieten, doch optisch in den Hintergrund treten.

Oben: In diesem Raum mit seiner hohen Decke konnte man nur schwer einen Hauch von Intimität schaffen, teilweise auch wegen der großen Fenster, die die Aufmerksamkeit von der Sitzecke ablenken. Um die untere Hälfte des Zimmers zu betonen, wurde die untere Wandpartie mit Hilfe des Tuchverfahrens in Orange-Rot gestaltet. Ein großes rotes Polsterkissen verlängert diese Linie raffiniert in den Fensterbereich hinein, während die anderen Möbel alle niedriger sind. Die Tuchstruktur darüber schafft durch ihre Farbgebung weiterhin Wärme, ist aber weniger intensiv und sorgt so für ein Gefühl von Geräumigkeit.

Gegenüber: Rot ist die Standardfarbe für Bistros und Familienrestaurants, da es bekanntlich appetitanregend wirkt. In diesem Eßzimmer ist fast alles Rot, von den mit Tüchern bearbeiteten Wänden über den massiven Eckschrank bis zum gemusterten Tischtuch. Diese satte Farbe erlaubt es den wenigen andersfarbigen Einrichtungsgegenständen deutlich abzustechen. Die weiße Decke schafft optische Erleichterung für die aufregenden Farben im Raum, ohne das Drama zu reduzieren.

Unten: In einem formellen Heim stellt das Vestibül Ton und Stil der Gesamtgestaltung vor. Diese geräumige Eingangshalle begrüßt Besucher mit Wärme und einem Hauch Ordnung, doch die Wände in Aprikosenfarbe deuten darauf hin, daß man in den weiteren Räumen durchaus auf Überraschungen stoßen kann.

Oben: Auf einer weißen Wand wäre diese wunderschöne Sammlung blau-weißen Porzellans in den Hintergrund gesunken. Statt dessen erhielt diese Wand eine blasse Mandarinenfarbe, durch die ein größerer Kontrast entsteht und die Form der Teller unterstrichen wird. Dies ist ein weiteres Beispiel dafür, daß entgegengesetzte Farben der Farbenskala für starken optischen Reiz sorgen können.

Oben: Farbe, die wertvollen Stein imitiert, sorgt für starke Gegensätze in Farbe und Struktur. In dieser postmodernen Konstruktion verschärft eine strahlend türkisfarbene Wand, die mit Tüchern so bearbeitet wurde, daß sie an Malachit erinnert, die Stahlkanten des industriellen Regalbretts. Beide Elemente zusammen heben die verletzliche Schönheit zweier langstieliger Tulpen in einer Kristallvase hervor.

Links: Gestreifte Stoffe und eine Wandfläche mit kühnen Kammstrichen passen in jeder Einrichtung zusammen. In diesem eleganten Raum nehmen romantisch geraffte Jalousien in zwei Gelbtönen die sanften senkrechten Streifen der Wand wieder auf. Weitere Streifen erscheinen auf den Lampenschirm mit Goldrand. Um den bestmöglichen Gesamteindruck zu erzielen, sollten die verschiedenen Streifenmuster eher verschieden breit sein und unterschiedliche, doch zusammenpassende Farben haben, als die gleichen zu sein.

Gegenüber: Drei Lagen von Farbe brechen Monotonie – oder Intensität – eines einfarbigen Raums hervorragend auf. In diesem Design geht ein erikafarbenes Feld bis zur Augenhöhe, wo sich ein sonnengelbes Band anschließt. Darüber streckt sich ein tropischer, türkisfarbener Himmel. Das Blau der Decke sorgt dafür, daß sich der ansonsten ausgefüllte Raum öffnet, und der Übergang vom Gelb zum Erika schafft dieselbe waagerechte Linie wie eine altmodische Bilderleiste. Die blaßblauen Tupfen auf dem erikafarbenen Untergrund stellen eine Verbindung zur Decke her.

Oben: In kleinen Räumen kann man hervorragend kühne Ideen in die Tat umsetzen, die in großen Räumen eventuell überwältigend wirkten. In diesem Badezimmer wurde schwarze Farbe mit dem Rand eines Schwamms aufgetragen und ruft den Eindruck experimenteller Säurestiche hervor. Ein durchgehender Spiegel verlängert das Bild wie bei den Rohrschach-Tintenbildern. Das Gesamtdesign ist futuristisch, hat jedoch Art-deco-Anklänge.

Gegenüber: Dieser Raum läßt den Schlafenden durch seine Fenster auf beiden Seiten das Gefühl haben, unter den Sternen im Freien zu campen. Um diesen Anschein der freien Natur noch zu verstärken, wurde die Seitenwand in Olivgrün gestaltet, und das Fenster wurde oben und unten türkisfarben gerahmt, um den Raum mit dem Himmel zu verbinden. Die gestreifte Decke auf dem Bett gibt zusammen mit den Vorhängen eine heitere Note.

Oben: Tageslicht fällt hier durch eine Glastür und ein Oberlicht ein – nützlich bei einem ansonsten dunklen Eingang und Treppenhaus. Um den Unterschied zwischen Drinnen und Draußen noch weiter zu verwischen, wurden die Wände mit einer pfirsichfarbenen Glasur versehen und dann mit Tüchern in sonnengebrannten Adobe verwandelt. Das Treppenhaus wird eingerahmt durch breite, grobe Bretter, die normalerweise im Freien und für Nebengebäude verwendet werden.

Rechts: Diese eingebaute Frühstücksecke nimmt ihre Farben aus der Natur und setzt ein dunkleres Meeresblau auf die untere Wandpartie und ein helleres Himmelblau darüber. Eine senfgelbe Leiste mit lustigen Symbolen repräsentiert den Horizont. Im Lampenlicht erscheinen Teile der hellblauen Wände blasser, obwohl die Farbe gleichmäßig aufgetragen ist. Die beruhigenden Farben bilden einen stillen Hintergrund für eine ungewöhnliche Maske und die Sammlung von Radkappen.

Oben: Kräftige, lebendige Farben heitern hier eine praktische Küche auf, in der man sonst leicht Platzangst bekommen könnte. Die Wände in Bananengelb erscheinen selbst bei Bewölkung sonnig, und Türkisfarbe läßt zwei nicht ungleiche Stühle zusammenpassen. Das Schränkchen mit der roten Platte kann auch als Tisch für schnelle Zwischenmahlzeiten fungieren.

Gegenüber: Wählt man eine Farbe für Ränder, die nicht kontrastiert, sondern ähnlich ist, kann man entweder eine kühle oder warme Farbgestaltung erzielen. Hier wurde eine strahlende türkise Wand durch einen Türrahmen in dunklerem Puderblau betont, und so wurde eine kühle Farbpalette erzielt und der Eindruck von See und Himmel der Tropen. Die anderen Einrichtungsgegenstände – eine Vitrine aus Rosenholz, ein schwarzer Polstersessel und eine Chromlampe mit weißem Schirm – setzen die kühle Farbskala fort.

Oben: Bei der Gestaltung klassisch schwarzweiß gekachelter Badezimmer ist es vernünftig, zunächst die Accessoires auszusuchen, da diese Räume immer fabelhaft aussehen, gleichgültig, welche Farben als Akzente gesetzt werden. Diese Wand wurde raffiniert dem buntkarierten Duschvorhang angepaßt. Der Druck mit klassischen Wasserkrügen inspirierte den Marmoreffekt, der hier durch Schwämme geschaffen wurde. Dadurch, daß alle Farben im gleichen Ton gehalten wurden, konnte eine subtile Wirkung garantiert werden.

TEIL DREI

Heimkunst

WÄNDE ALS LEINWAND

Viele Heime sind zu sehr auf weiße Wände fixiert, jene stillen Flächen, auf denen man Gemälde, Skulpturen und Sammlerstücke in Museumsart anordnet. Obwohl dieser „Galerie-Look" in einem öffentlichen Gebäude faszinierend sein kann, verleiht er einem privaten Heim wenig Wärme oder Individualität.

Eine Antwort auf die Langeweile weißer Wände sind farbenfrohe, dekorative Wandbehandlungen. Verlegt man den farblichen und strukturellen Schwerpunkt weg von Gegenständen auf die Wand, gibt man einem Raum augenblicklich Persönlichkeit und Charakter. Nicht länger nur eine Unterkunft für geliebte Gegenstände, wird der Raum selbst zum geschätzten Objekt.

Die aufregenden Landschaftsmalereien, Marmoreffekte und Nischen, die auf den folgenden Wänden imitiert wurden, zeigen, wie eine flache, gewöhnliche Wand eine große Rolle bei der Raumgestaltung spielen kann. Einige Beispiele verwandeln den Raum völlig, indem sie neue Blickpunkte und Dimensionen schaffen, während andere bescheidenere Beiträge leisten. Indem bereits vorhandene Einrichtungsgegenstände mit diesem Kreationen in Einklang gebracht werden – oder in einigen Fällen ganz weggelassen werden –, entstanden kühne neue Räume bei nicht größeren Kosten als denen für die Farbe.

Klassisch oder ausgefallen, verspielt oder nüchtern, dekorative Wandbehandlungen zeigen heute Kreativität, Erfindungsgabe und Individualität. Sie können ganz allein selbst gewöhnlichsten Räumen neues Leben einhauchen.

Gegenüber: In dieser kleinen Eingangshalle verleihen Steine aus imaginären Steinbrüchen den Wänden und der Decke ihren bunten, imitierten Glanz und geben dem Raum einen Hauch von Luxus. Der innovative Einsatz verschiedener Farben – Mauve, Aprikose, Grün und Rosenrot – bildet einen verspielten Kontrast zu den scharlachroten und blauen Säulen, der die Sinne länger ansprechen wird als eine einzige Farbe.

Links: Alles in diesem behaglich möblierten Schlafzimmer dreht sich um eine dunkle Mahagonifarbe, die beim Teppich, dem Toilettentisch, der strukturierten Wand und der Bettdecke ins Auge fällt. Die prächtigen gewundenen Dornen des Toilettentischs verleihen dem Raum einen eigenartigen Charme, der durch die Gestaltung der Wand in gleichen Farben nicht aufdringlich wirkt.

Oben: Schlichte, baulich uninteressante Wände können geometrischen Reiz erhalten. An dieser Eßzimmerwand ist jeder Zickzackstreifen in einer anderen Farbe getönt. Durch verwandte Farben passen alle Streifen zusammen, obwohl sich keine Farbe wiederholt. Der Wildledereffekt wurde dadurch erreicht, daß die feuchte Glasur mit Mull abgetupft wurde.

Unten: Korinthische Säulen als Rahmen für eine tempelartige Nische werden noch dramatischer, wenn die angrenzenden Wände Stein imitieren. Die Tiefe der Nische gibt den Eindruck, als seien die „Steinmauern" wirklich sehr dick, und vermittelt so den Anschein von Solidität. Das einzige Element, an dem man erkennt, daß es sich hier um eine optische Täuschung handelt, ist der bemalte Schalter neben der Tür links.

Links: Großzügige Türen der Durchreiche von der Küche zum Eßzimmer ließen die Decke des Raums unverhältnismäßig hoch erscheinen. Um die Wände optisch niedriger zu machen, wurde eine Leiste auf Stuhllehnenhöhe um den ganzen Raum gelegt, die die Wand in zwei Teile trennt. Die untere Partie erhielt eine dunkle rostrote Glasur, durch die die Wand als Fortsetzung des Fußbodens erscheint. Der obere Wandteil bekam eine hellere Farbe und wurde so zur „eigentlichen" Wand. Jeder Abschnitt erhielt durch die Grundfarbe des jeweils anderen Struktur und Verbindung.

Rechts: Wenn der natürliche Anblick eines Raums nicht besonders attraktiv ist, kann man mit etwas Talent eine Szenerie nach persönlichem Geschmack malen. Diese wunderschöne Landschaft verwandelt ein gewöhnliches Eßzimmer in einen Balkon über den Hügeln der Toskana. Die Fortführung des Himmels an der Decke fördert die Illusion eines endlosen freien Raums, während die Säulen im Vordergrund des Bildes eine Verbindung zwischen Wandmalerei und Architektur des Raums bilden.

Unten: Hier ergießt sich eine ungewöhnliche Wandfarbe auf den Fußboden. Eine monotone Struktur kann in fensterlosen Eingangshallen und Korridoren besonders surreal erscheinen, wo nur wenig Möbel oder andere optische Anhaltspunkte Oben und Unten anzeigen. In diesem Beispiel hilft dabei ein Konsolentisch mit sich verjüngenden Beinen.

Oben: Leider konnte man in dieser unsonsten hellen und luftigen Eingangshalle immer das gähnende schwarze Loch eines Entlüftungslochs für die Heizung sehen. Um die Aufmerksamkeit davon abzulenken, wendete man auf der unteren Wand eine Technik an, die an Ahornmaserung erinnert, während der Grill der Öffnung weiß gestrichen wurde, damit sie eher in den Vordergrund geriet als die dahinter gähnende Dunkelheit. Außerdem versteckt der Konsolentisch darüber das Loch vor flüchtigen Blicken.

Unten: Eine Collage architektonischer Drucke, die mit Hilfe der Decoupage-Technik direkt auf die Wand gebracht wurden, erforderte einen besonderen Untergrund. Die geeignete Lösung war eine Oberfläche, die Pergament imitiert. Aufgemalte Ringe, Kordeln, Troddeln und Rahmen vervollständigen die kunstvolle Täuschung.

Oben: Sich eine Nische mit einer Statue vor Augen zu rufen, wo sie nicht existieren, ist der erste Schritt zur Verwandlung einer flachen Wand in eine mit bildlichem Reiz. Der hier abgebildete Trompe L'Oeil-Effekt wurde von einem Künstler geschaffen, der verschiedene Tuchverfahren, Farbwäschen und Pinseltechniken einsetzte. Eine solche Imitation muß nicht hinter dem Echten zurücktreten.

Links: Alle vier Wände mit Marmoreffekt zu versehen, hätte in diesem kompakten Eßzimmer überwältigend gewirkt, daher wurde nur ein Teil bearbeitet. Das Senfgelb der Wände und Oliv der Regale wiederholt sich in der Marmorierung und schafft ein koordiniertes Aussehen. Die leicht dunkleren Adern des Marmoreffekts finden sich im Bronzespiegel über dem Stuhl wieder.

Gegenüber: Die Armaturen dieses kompakten Badezimmers waren unhandlich angebracht und schufen eine leere, doch nur schwer zugängliche Ecke. Um dieses Problem optisch zu minimieren, lenkt eine hübsche Wandmalerei das Auge nach oben und über ein Trompe l'Oeil-Spalier auf den Wolkenhimmel. Reliefs, Spalier, Steinmauer und Vögel sind alle detailgetreu mit der Hand auf die Wand gemalt.

Unten: Wenn Wandbehandlung anderen Einrichtungsgegenständen untergeordnet wird, kann eine überzeugende Kulisse entstehen. Hier wurde eine verschlissene Couch mit einem roten Überwurf und Kelimteppichen drapiert, und eine langweilige Ecke wurde zum lebendigen orientalischen Basar. Die untere Wandhälfte mit ihren maurischen Motiven verstärkt diesen Eindruck.

Oben: Die Einbauwand mit ihren Schränken und Schubladen bot zwar Unterbringung für Fernseher und HiFi-Geräte, doch das helle Holz paßte nicht zum formellen Einrichtungsstil des Raums. Eine konservative dunkelgrüne Glasur verlieh den Schränken etwas Würde und half dabei, sie in den Hintergrund treten zu lassen. Die einzelnen Schranktüren wurden mit Tüchern bearbeitet, um die Zierleisten hervorzuheben.

Unten: In einem Raum, der hauptsächlich in der Nacht genutzt wird, können geheimnisvolle Farben verführerisch wirken. Das Wirbelmuster der Wand wurde mit Hilfe von Tüchern und Pinseln geschaffen und ist immer optisch reizvoll. Bei Dunkelheit scheinen die Farben den Raum einzuhüllen und zu schützen. Dunkelrote Vorhänge vervollständigen den Zufluchtsort.

Oben: Die mit Tüchern erzielte Wandstruktur in heller Farbe betont die starken, soliden Linien der Dachschräge mehr als sie zu unterbrechen. Das gesprenkelte Beige ähnelt Pergament und paßt hervorragend zu diesem maskulinen Raum. Eine bedruckte Tapetenbordüre zieht sich an der Decke und am Fenster entlang und macht den Raum optisch größer.

Links: Wenn die Einrichtungsgegenstände kühn sind und starke Linien besitzen, muß der Hintergrund ihre Wirkung verstärken und nicht mildern. Hier wurde ein wellenförmiges Kammverfahren eingesetzt, das einen belebenden Hintergrund für einen venezianischen Spiegelwandleuchter, eine stimmungsvolle Landschaft im Silberrahmen und einen italienischen Stuhl schafft. Alle drei Einrichtungsgegenstände haben Kurven, die sich im Kammuster wiederfinden. Der Effekt ist dynamisch, obwohl die Glasur ein gedämpftes Taupe ist.

Rechts: Man muß genauer hinsehen, um das Geheimnis dieses Kaminaufsatzes zu entdecken: Es handelt sich tatsächlich um eine Ansammlung von Zierleisten. Jedes Teil wurde sorgfältig handbemalt, um Bruchstein in echten und Phantasiefarben zu imitieren. Der ungewöhnliche Eindruck wird durch die Ockerfarbe der Wand noch unterstrichen.

Unten: Hier steht eine Vase, deren Blumenarrangement niemals welkt. Diese Eingangshalle war zu schmal, als daß sie einen Tisch für eine echte Blumenvase aufnehmen konnte, und so erhielt die Wand eine Trompe l'Oeil-Vase in ihrer eigenen römisch angehauchten Nische. Das klassische Motiv erhielt seine Inspiration durch die Rahmen und Kapitelle an der Tür.

Oben: In diesem Dachzimmer helfen horizontale und vertikale Linien dabei, die starke Schräge der Wand optisch zu mildern. In dieser klassischen, symmetrischen Gestaltung erscheinen bauliche und gemalte Details, und alle sind so perfekt ausgeführt, daß man erst bei gründlichem Hinsehen entdeckt, was echt und was Imitation ist. Die Farbpalette aus Weiß und Sonnengelb paßt ausgezeichnet in einen Raum, in den nur wenig Tageslicht einfallen kann.

Unten: Jede Fläche im Haus ist geeignet zur Farbbehandlung. Dieses Teppichdesign paßt besser an die Wand, wo man es bewundern kann, als auf den unversiegelten Holzboden, wo es mit der Zeit abgenutzt würde. Die Farben des Designs nehmen das Gelb der Decke und das Rot der Tür wieder auf.

Oben: Wenn ein Raum von starken geometrischen Linien dominiert wird, helfen verspielte Farben dabei, die Atmosphäre zu erhellen und die baulichen Aspekte weniger streng zu machen. In diesem Schlafzimmer finden sich wasserblaue, gelbe und goldene Glasuren auf Türen, Leisten, Brettern und Wand und machen sie weniger überwältigend und ernst. Die weiße Decke war nach Fertigstellung zu blaß und erhielt eine wasserblaue Glasur. Die Betonung der rechteckigen und quadratischen Formen bildet eine attraktive Verbindung zum marmorierten Fußbrett des Betts.

Links: Sowohl erprobte als auch aufstrebende Künstler schätzen die informelle Leinwand alter Küchenschranktüren. Sollte das Malprojekt keinen Erfolg zeitigen, kann man die Türen ersetzen oder übermalen. Dieses abstrakte Harlekindesign, das als Spiegelbild ausgeführt wurde, war ein eindeutiger Erfolg.

Quellen

Alle nötigen Werkzeuge, Ausrüstung und Farben zur Strukturierung von Wänden kann man in Werkzeug- und Farbfachgeschäften oder Warenhäusern mit Spezialabteilungen kaufen. Einige kleinere Dinge wie Akrylmedium, Naturschwämme und Japanfarben bekommt man in Fachgeschäften für den Künstlerbedarf. Wenn Sie einmal mit dem Strukturieren von Wänden begonnen haben, finden Sie heraus, wie viele verschiedene Werkzeuge es gibt und welche für Sie von Nutzen sind. Doch besorgen Sie anfangs nur das Nötigste (einen guten Pinsel oder eine gute Rolle, Plastikeimer und eine Trittleiter), und kaufen Sie dann anderes hinzu, wenn Sie es brauchen.

Ein Weg, mehr über die Farbgestaltung strukturierter Wände zu erfahren, ist ein Kurs. Wenn Sie bei einem erfahrenen Künstler lernen, können Sie Einblick in fortgeschrittene Techniken erhalten und Ihr Können unter der Aufsicht eines Fachmanns weiterentwickeln. Solche Kurse können von verschiedenen Instituten angeboten werden:

Erwachsenenbildungsstätten, Volkshochschulen und ähnlichen. Näheres dazu erfahren Sie aus Ihrer Lokalzeitung und den Prospekten der verschiedenen Institute. Auch Ihre Stadtbücherei kann Ihnen helfen.

Index

Bildnachweise

© Grey Crawford: 21 (rechts), 30 (rechts), 32, 33 (links), 35, 51, 54, 68 (rechts)

© Tria Giovan: 2, 16, 17, 18 (beide), 22 (rechts), 33 (rechts), 38 (links), 40, 41, 52, 61

© Kari Haavisto: 57, 59 (rechts)

© Mick Hales: 45

© images/Dennis Krukowski: 6, 15, 19, 22 (links), 29, 30 (links), 34 (links), 36, 38 (rechts), 43 (beide), 59 (links), 60 (beide), 62, 63 (rechts), 67 (beide)

© Richard Mandelkorn: 47, 56 (beide)

© Bill Rothschild: 24, 64 (links)

© Tim Street-Porter: 20, 21 (links), 23, 25 (beide), 26, 27, 28, 31, 34 (rechts), 37, 39, 42, 44, 46, 48, 49, 50, 53, 55, 58, 63 (links), 64 (rechts), 66, 68 (links), 69

Zeichnungen:
© Barbara Hennig, 1995